escola - sekolah	2
viagem - perjalanan	5
transporte - transportasi	8
cidade - kota	10
paisagem - pemandangan	14
restaurante - restauran	17
supermercado - supermarket	20
bebidas - minuman	22
comida - makanan	23
quinta - pertanian	27
casa - rumah	31
sala de estar - ruang tamu	33
cozinha - dapur	35
casa de banho - kamar mandi	38
quarto de criança - kamar anak	42
vestuário - pakaian	44
escritório - kantor	49
agricultura - ekonomi	51
profissões - pekerjaan	53
ferramentas - alat	56
instrumentos musicais - alat musik	57
jardim zoológico - kebun binatang	59
desporto - olahraga	62
atividades - aktivitas	63
família - keluarga	67
corpo - badan	68
hospital - rumah sakit	72
emergência - darurat	76
terra - bumi	77
relógio - jam	79
semana - minggu	80
ano - tahun	81
formas - bentuk	83
cores - warna-warna	84
opostos - berlawanan	85
números - angka-angka	88
idiomas - bahasa-bahasa	90
quem / o quê / como - siapa / apa / begaimana	91
onde - dimana	92

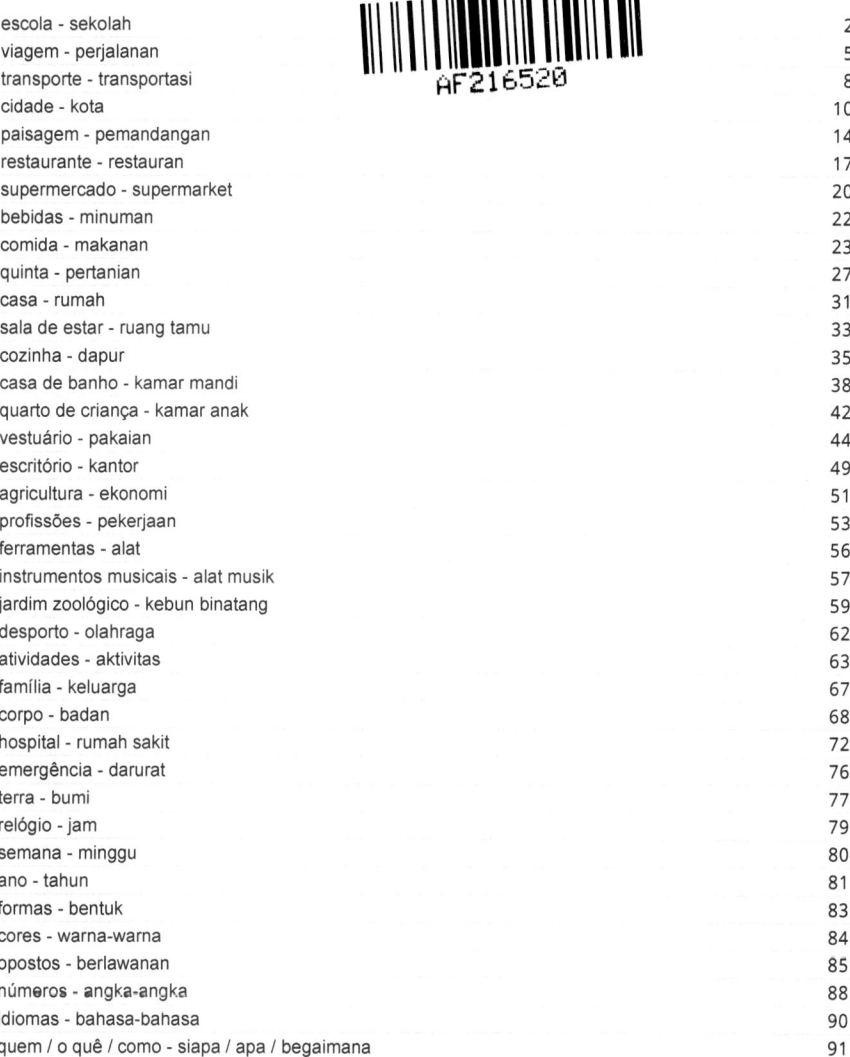

Impressum
Verlag: BABADADA GmbH, Nedderfeld 112 , 22529 Hamburg
Geschäftsführer / Verlagsleitung: Harald Hof
Druck: Books on Demand GmbH, In de Tarpen 42, 22848 Norderstedt

Imprint
Publisher: BABADADA GmbH, Nedderfeld 112 , 22529 Hamburg, Germany
Managing Director / Publishing direction: Harald Hof
Print: Books on Demand GmbH, In de Tarpen 42, 22848 Norderstedt, Germany

escola
sekolah

sala de aulas
ruang kelas

dividir
membagi

$186/2$

quadro
papan

pátio da escola
halaman sekolah

professor
guru

papel
kertas

escrever
menulis

caneta
pena

secretária
meja kerja

régua
penggaris

livro
buku

aluno
murit

mochila
·············
tas sekolah

estojo de lápis
·············
tempat pensil

lápis
·············
pensil

afia-lápis
·············
pengasah pensil

borracha
·············
penghapus

bloco de desenho
·············
kertas gambar

desenho
gambar

pincel
kuas

caixa de tintas
kotak cat

tesoura
gunting

cola
lem

livro de exercícios
buku latihan

trabalhos de casa
pekerjaan rumah

número
angka

somar
tambhakan

subtrair
mengurangi

multiplicar
mengalikan

calcular
menghitung

letra
huruf

alfabeto
alfabet

palavra
kata

texto
teks

ler
membaca

giz
kapur

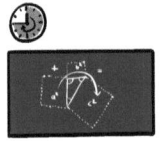

hora
pelajaran

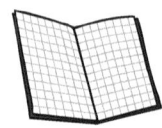

registo de presenças
daftar

exame
ujian

certificado
sertifikat

uniforme escolar
seragam sekolah

educação
pendidikan

enciclopédia
ensiklopedi

universidade
universitas

microscópio
mikroskop

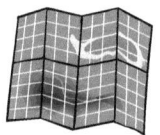

mapa
peta

cesto de lixo
tempat sampah

viagem
perjalanan

hotel
hotel
Grand
hostel
hostel
ROOMS
casa de câmbio
kantor pertukaran mata uang
EXCHANGE
mala
koper
carro
mobil

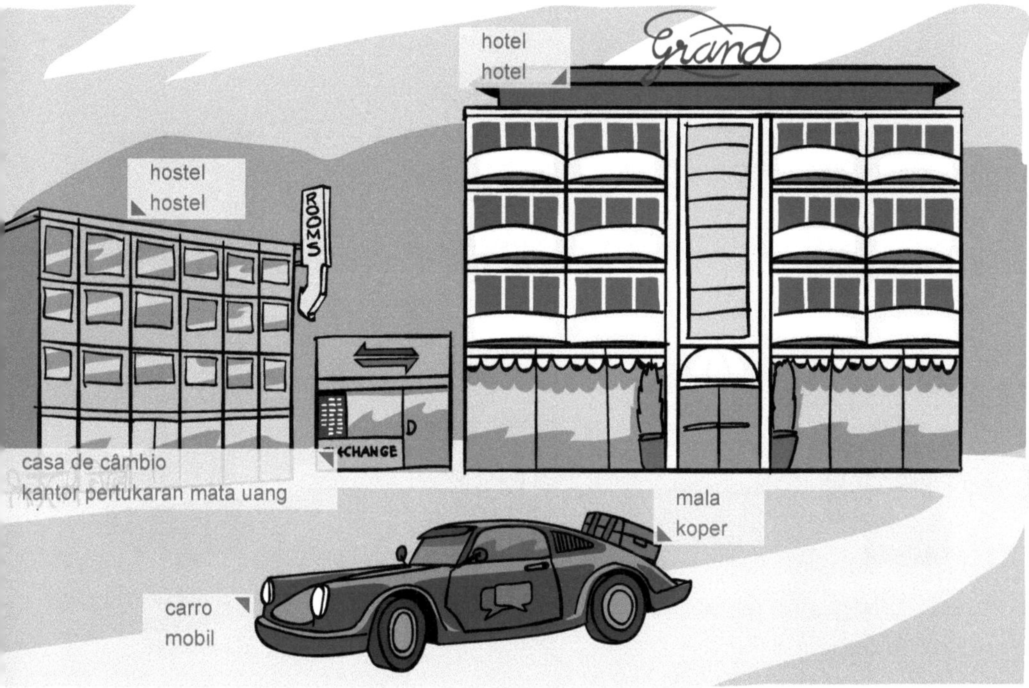

idioma

bahasa

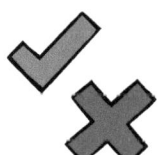

sim / não

ya / tidak

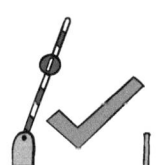

ok / certo / correto

okay

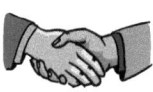

olá

hallo

intérprete

penerjemah

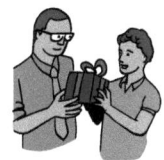

obrigado

terima kasih

quanto é que custa... ?

Berapa harganya…?

não entendo

saya tidak mengerti

problema

masalah

boa noite!

Selamat malam!

Bom dia!

Selamat siang!

Boa noite!

Selamat tidur!

adeus

sampai jumpa

direção

arah

bagagem

bagasi

saco

tas

mochila

ransel

convidado

tamu

quarto

ruang

saco-cama

kantong tidur

tenda

tenda

informação turística

informasi wisata

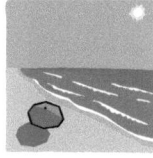

praia

pantai

cartão de crédito

kartu kredit

pequeno-almoço

sarapan

almoço

makan siang

jantar

makan malam

bilhete

tiket

elevador

elevator

selo postal

perangko

fronteira

perbatasan

alfândega

cukai

embaixada

kedutaan

visto

visa

passaporte

paspor

transporte
transportasi

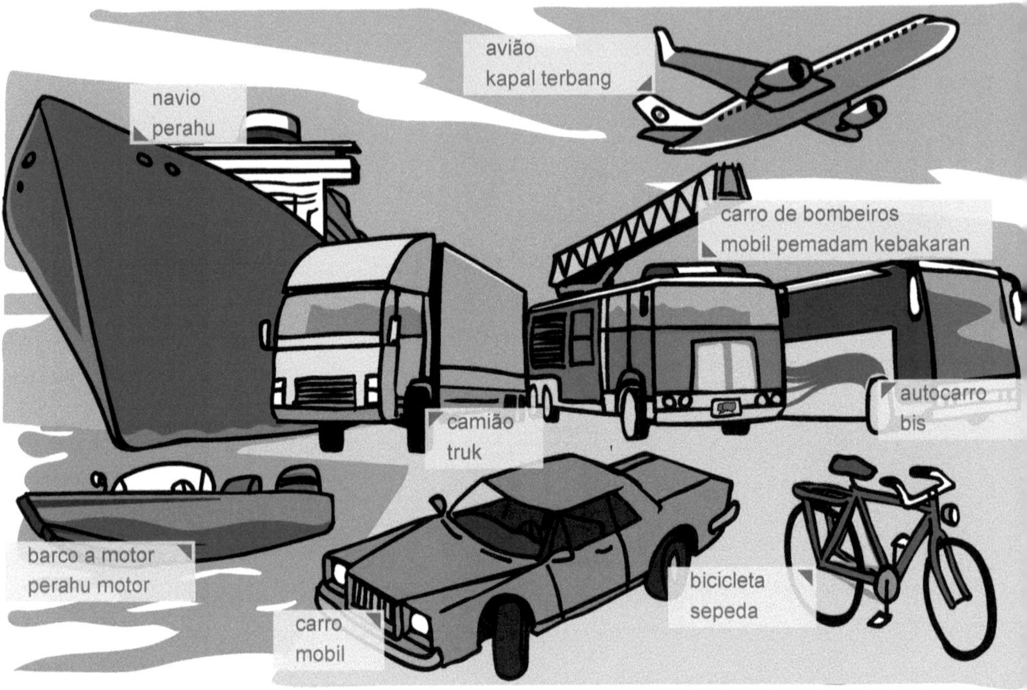

avião
kapal terbang
navio
perahu
carro de bombeiros
mobil pemadam kebakaran
autocarro
bis
camião
truk
barco a motor
perahu motor
bicicleta
sepeda
carro
mobil

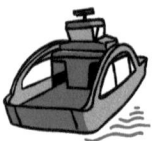

cacilheiro

feri

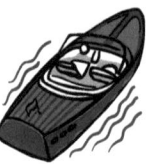

barco

perahu

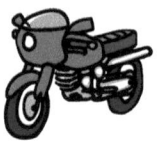

mota

sepeda motor

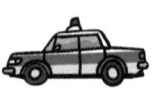

carro de polícia

mobil polisi

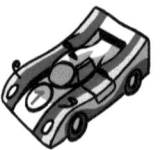

carro de corrida

mobil balapan

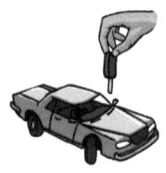

carro alugado

mobil sewa

carsharing

berbagi mobil

camião de reboque

truk derek

camião do lixo

truk sampah

motor

motor

combustível

bahan bakar

estação de serviço

bensin

sinal de trânsito

tanda lalulintas

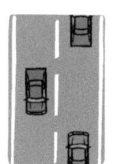

trânsito

lalulintas

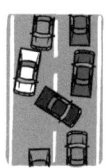

congestionamento de trânsito

macet

parque de estacionamento

parkir mobil

estação ferroviária

stasiun kereta

carris

trek

comboio

kereta api

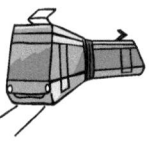

elétrico

tram

carruagem

gerobak

helicóptero

helikopter

aeroporto

bendara

torre

menara

passageiro

penumpang

contentor

container

caixa de papelão

karton

carrinho

troli

cesto

keranjang

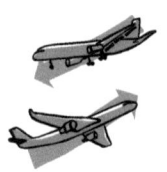

levantar voo / aterrar

berangkat / mendarat

cidade

kota

aldeia

desa

centro da cidade

pusat kota

casa

rumah

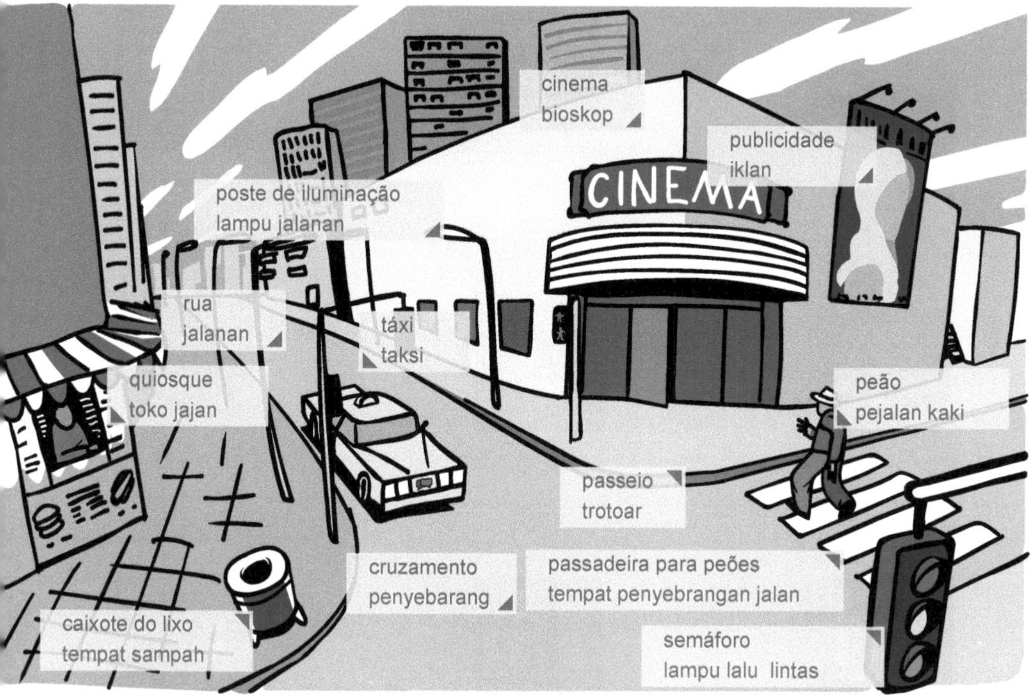

cinema
bioskop

publicidade
iklan

poste de iluminação
lampu jalanan

CINEMA

rua
jalanan

táxi
taksi

peão
pejalan kaki

quiosque
toko jajan

passeio
trotoar

cruzamento
penyebarang

passadeira para peões
tempat penyebrangan jalan

caixote do lixo
tempat sampah

semáforo
lampu lalu lintas

cabana
....
gubuk

apartamento
....
rumah flat

estação ferroviária
....
stasiun kereta

câmara municipal
....
balai kota

museu
....
museum

escola
....
sekolah

cidade - kota

universidade

universitas

banco

bank

hospital

rumah sakit

hotel

hotel

farmácia

farmasi

escritório

kantor

livraria

toko buku

loja

toko

florista

toko bunga

supermercado

supermarket

mercado

pasar

loja de departamentos

toko serba ada

peixaria

nelayan

centro comercial

pusat belanja

porto

pelabuhan

parque

taman

banco

banku

ponte

jembatan

escadas

tangga

metro

kereta bawah tanah

túnel

terowongan

paragem de autocarro

pemberhantian bis

bar

bar

restaurante

restauran

caixa de correio

kotak surat

sinal de trânsito

tanda jalan

parquímetro

meteran parkir

jardim zoológico

kebun binatang

piscina

kolam renang

mesquita

mesjid

quinta
pertanian

poluição
polusi

cemitério
kuburan

igreja
gereja

parque infantil
tempat bermain

templo
pura

paisagem
pemandangan

folha
daun

placa de sinalização
penunjuk arah

caminho
jalanan

prado
padang rumput

pedra
batu

árvore
pohon

caminhantes
pejalak kaki

rio
sungai

relva
rumput

flor
bunga

vale

lembah

montanha

bukit

lago

danau

floresta

hutan

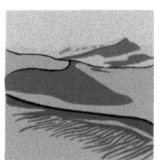

deserto

padang gurun

vulcão

gunung berapi

castelo

istana

arco-íris

pelangi

cogumelo

jamur

palma

pohon palem

mosquito

nyamuk

mosca

lalat

formiga

semut

abelha

lebah

aranha

laba-laba

besouro

kumbang

sapo

kodok

esquilo

tupai

ouriço

landak

lebre

kelinci

coruja

burung hantu

pássaro

burung

cisne

angsa

javali

babi jantan

veado

rusa

alce

rusa

barragem

bendungan

turbina eólica

turbin angin

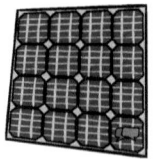

painel solar

panel surya

clima

iklim

restaurante
restauran

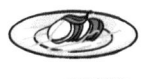

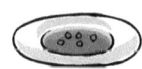

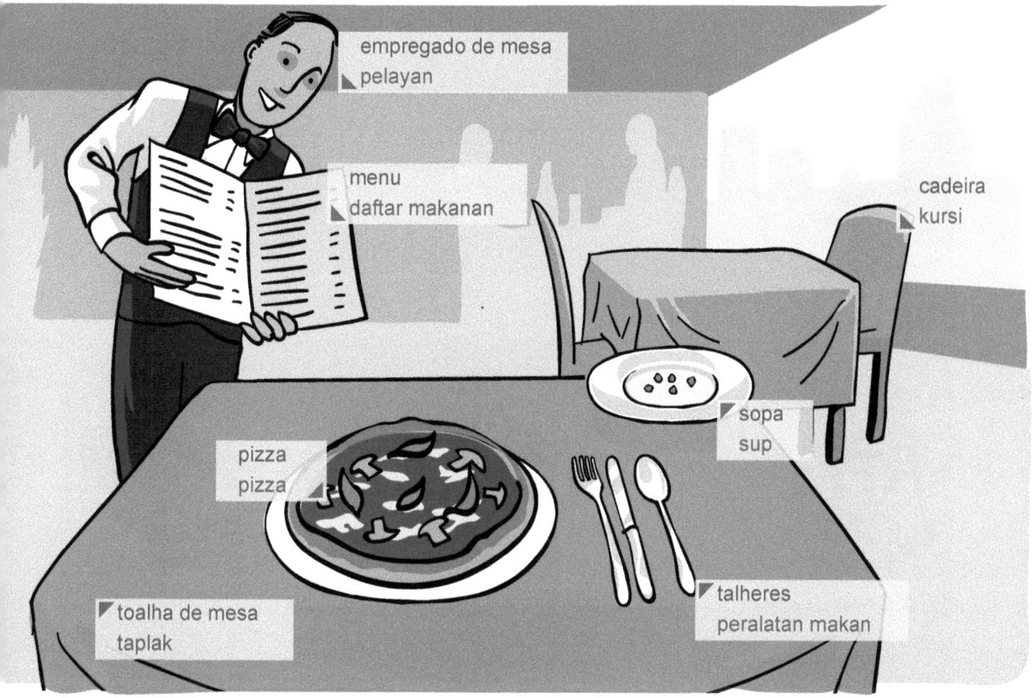
empregado de mesa
pelayan
menu
daftar makanan
cadeira
kursi
sopa
sup
pizza
pizza
toalha de mesa
taplak
talheres
peralatan makan

entrada
hindangan pembuka

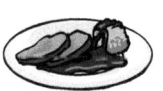

prato principal
hidangan utama

sobremesa
hidangan penutup

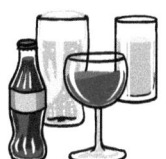

bebidas
minuman

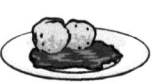

comida
makanan

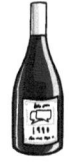

garrafa
botol

fast food
fastfood

comida de rua
masakan jalanan

bule de chá
teko teh

açucareiro
kaleng gula

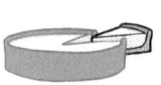

porção
porsi

máquina de café expresso
mesin espresso

cadeira alta
kursi tinggi

conta
tagihan

bandeja
baki

faca
pisau

garfo
garpu

colher
sendok

colher de chá
sendok teh

guardanapo
serbet

copo
gelas

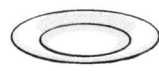

prato
piring

prato de sopa
piring sup

pires
lepek

molho
saus

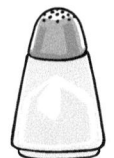

saleiro
tempat garam

moinho de pimenta
gilingan merica

vinagre
cuka

óleo
minyak

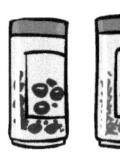

especiarias
bumbu

ketchup
saus tomat

mostarda
mustar

maionese
mayones

supermercado
supermarket

oferta especial
penawaran khusus
FOR
cliente
klien
laticínios
produk susu
fruta
buah
carrinho de compras
troli

BUTCHERS

talho

pembantai

BAKERY

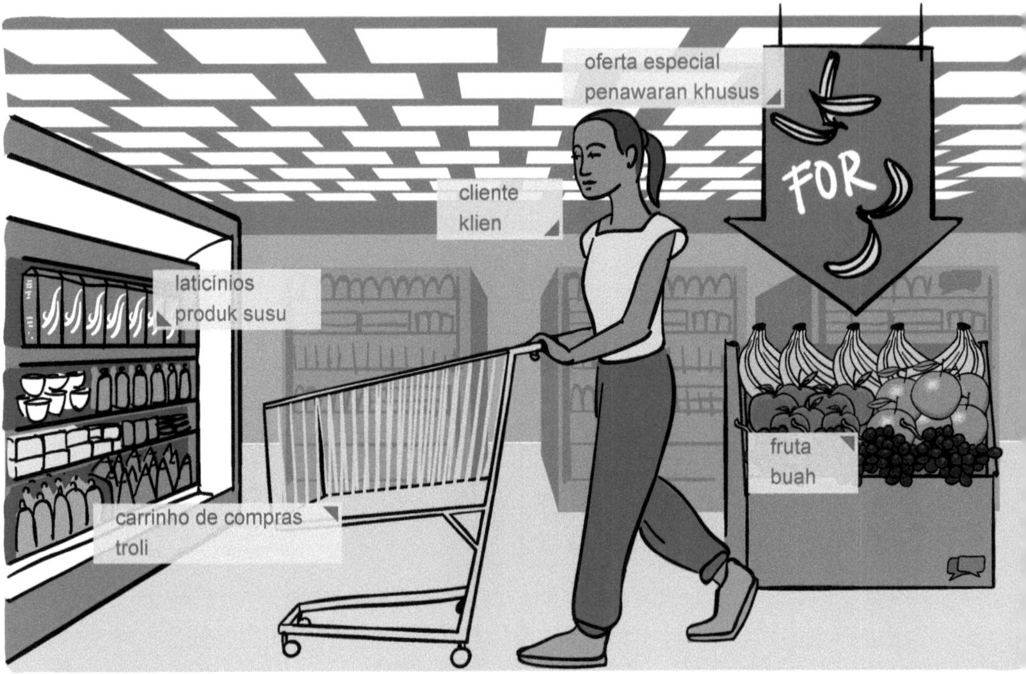

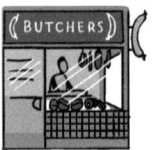

padaria

toko roti

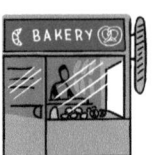

pesar

menimbang

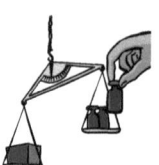

vegetais

sayur

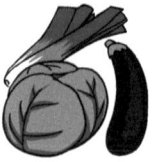

carne

daging

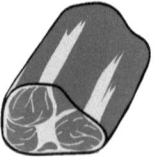

alimentos congelados

makanan beku

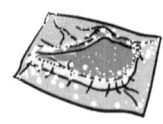

charcutaria

pemotongan dingin

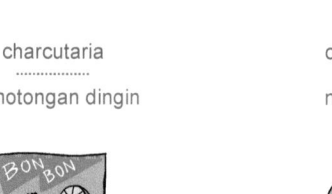

comida enlatada

makanan kaleng

detergente em pó

sabun serbuk

doces

permen

artigos domésticos

alat-alat rumah tangga

produtos de limpeza

obat pembersihan

vendedora

penjual

caixa

kasa

caixa

kasir

lista de compras

daftar belanja

horário de funcionamento

jam buka

carteira

dompet

cartão de crédito

kartu kredit

saco

tas

saco de plástico

kantong plastik

bebidas

minuman

água
air

sumo
jus

leite
susu

coca-cola
cola

vinho
anggur

cerveja
bir

álcool
alkohol

cacau
coklat

chá
teh

café
kopi

café expresso
espresso

capuccino
cappucino

banana

pisang

maçã

apel

laranja

jeruk

melão

semangka

limão

jeruk lemon

cenoura

wortel

alho

bawang putih

bambu

bambu

cebola

bawang bombai

cogumelo

jamur

nozes

kacang

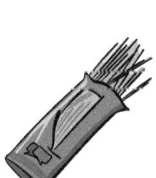

talharim

mi

esparguete

spagetti

arroz

nasi

salada

salat

batatas fritas

kentang goreng

batatas fritas

kentang goreng

pizza

pizza

hambúrguer

hamburger

sanduíche

sandwich

bife panado

sayatan

fiambre

ham

salame

salami

salsicha

sosis

galinha

ayam

assado

menggoreng

peixe

ikan

flocos de aveia

bubur gandum

muesli

sereal

flocos de milho

cornflakes

farinha

tepung

croissant

croissant

carcaça (pãozinho)

roti

pão

roti

torrada

toast

biscoitos

biskuit

manteiga

mentega

requeijão

dadih

bolo

kue

ovo

telur

ovo estrelado

telur goreng

queijo

keju

gelado

eskrim

açúcar

gula

mel

madu

compota

selai

creme de nougat

krim nugat

caril

kare

quinta
pertanian

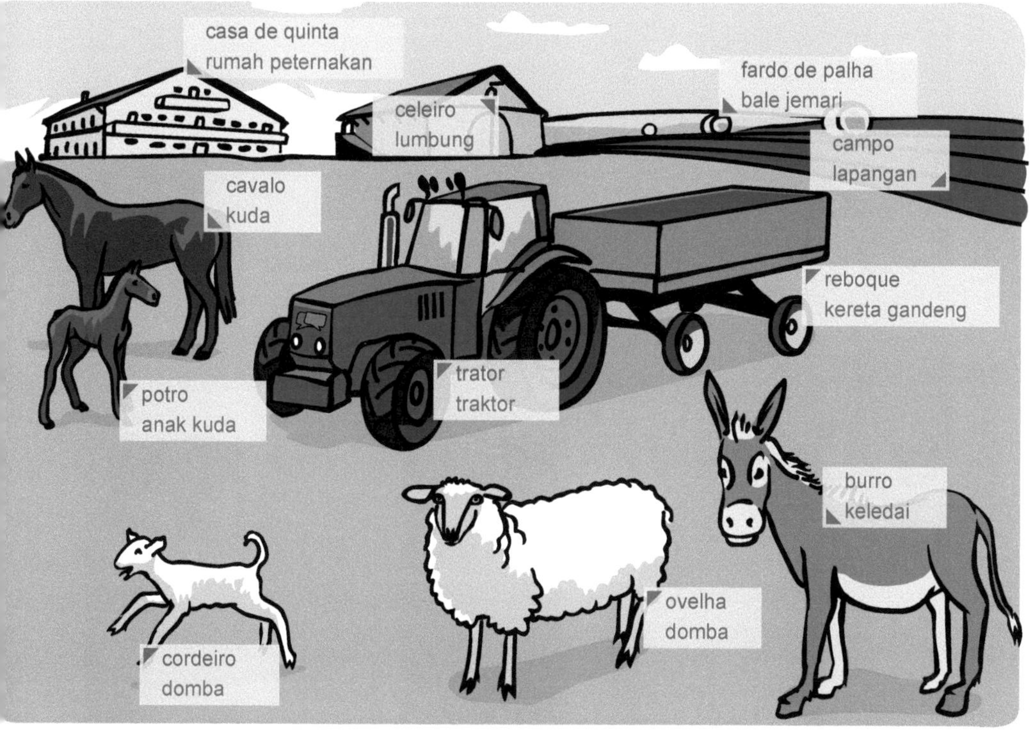
casa de quinta
rumah peternakan
celeiro
lumbung
fardo de palha
bale jemari
campo
lapangan
cavalo
kuda
reboque
kereta gandeng
trator
traktor
potro
anak kuda
burro
keledai
ovelha
domba
cordeiro
domba

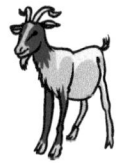

cabra
kambing

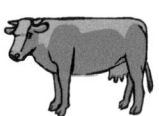

vaca
sapi

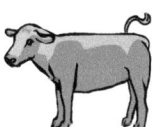

bezerro
betis

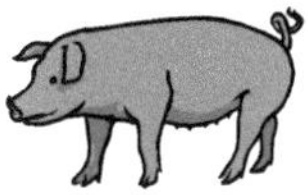

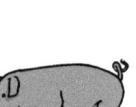

porco
babi

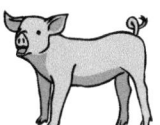

leitão
celeng

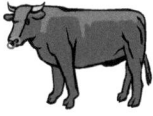

touro
banteng

ganso
angsa

pato
bebek

pintaínho
anak ayam

galinha
ayam

galo
ayam jantan

ratazana
tikus

gato
kucing

rato
tikus

boi
lembu

cão
anjing

casota
rumah anjing

mangueira de jardim
selang

regador
penyiram

foice
sabit

arado
bajak

foice

sabit

enxada

cangkul

forquilha

garpu rumput

machado

kapak

carrinho de mão

gerobak

manjedoura

palung

jarro de leite

kaleng susu

saco

karung

cerca

pagar

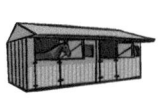

estábulo

kandang

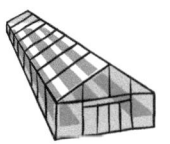

estufa

rumah kaca

solo

tanah

semente

benih

fertilizante

pupuk

ceifeira-debulhadora

mesin pemanen

colher

panen

colheita

panen

inhame

yams

trigo

gandum

soja

kedelai

batata

kentang

milho

jagung

colza

lobak

árvore de fruto

pohon buah

mandioca

singkong

cereais

sereal

casa
rumah

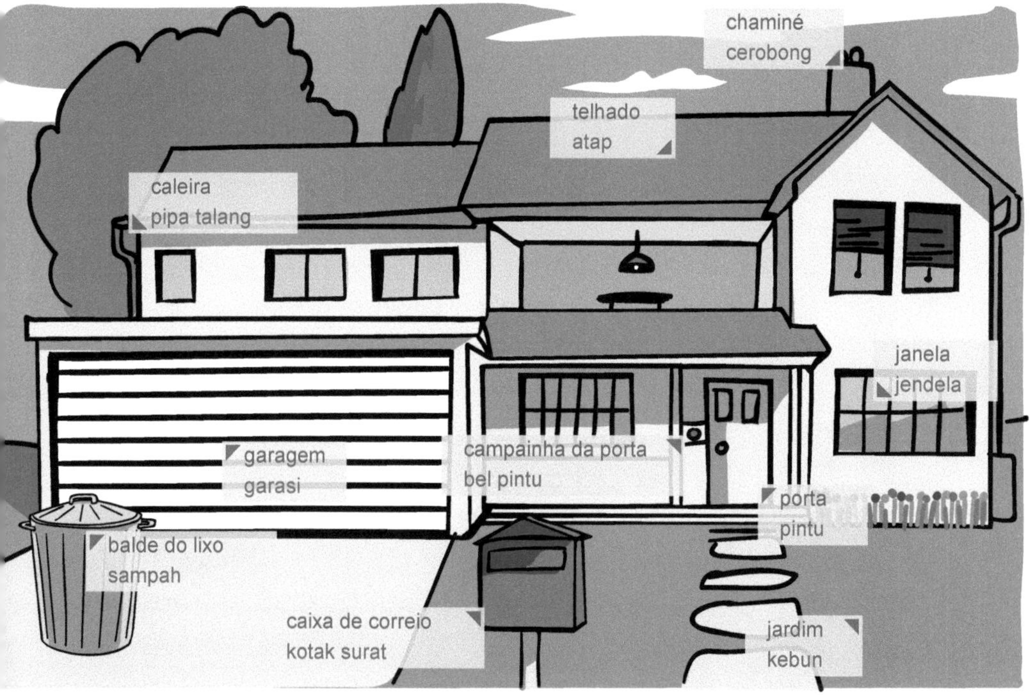
chaminé
cerobong
telhado
atap
caleira
pipa talang
janela
jendela
garagem
garasi
campainha da porta
bel pintu
porta
pintu
balde do lixo
sampah
caixa de correio
kotak surat
jardim
kebun

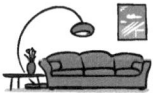

sala de estar
ruang tamu

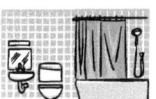

casa de banho
kamar mandi

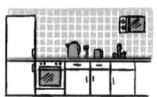

cozinha
dapur

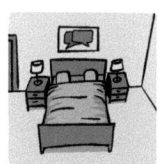

quarto de dormir
kamar tidur

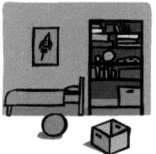

quarto de criança
kamar anak

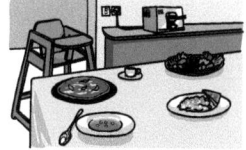

sala de jantar
kamar makan

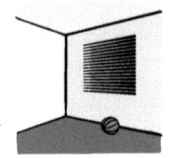

chão
lantai

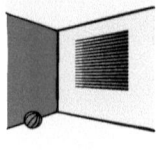

parede
tembok

teto
atap

cave
gudang di bawah tanah

sauna
sauna

varanda
balkon

terraço
teras

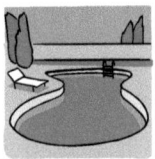

piscina
kolam renang

máquina de cortar relvado
mesin pemotong rumput

lençol
sprei

cobertor
selimut

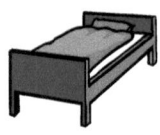

cama
tempat tidur

vassoura
sapu

balde
ember

interruptor
tombol

sala de estar
ruang tamu

papel de parede
kertas dinding
imagem
gambar
lâmpada
lampu
prateleira
rak
armário
kabinet
televisão
televisi
lareira
perapian
flor
bunga
almofada
bantal
sofá
sofa
vaso
vas
controlo remoto
remote control

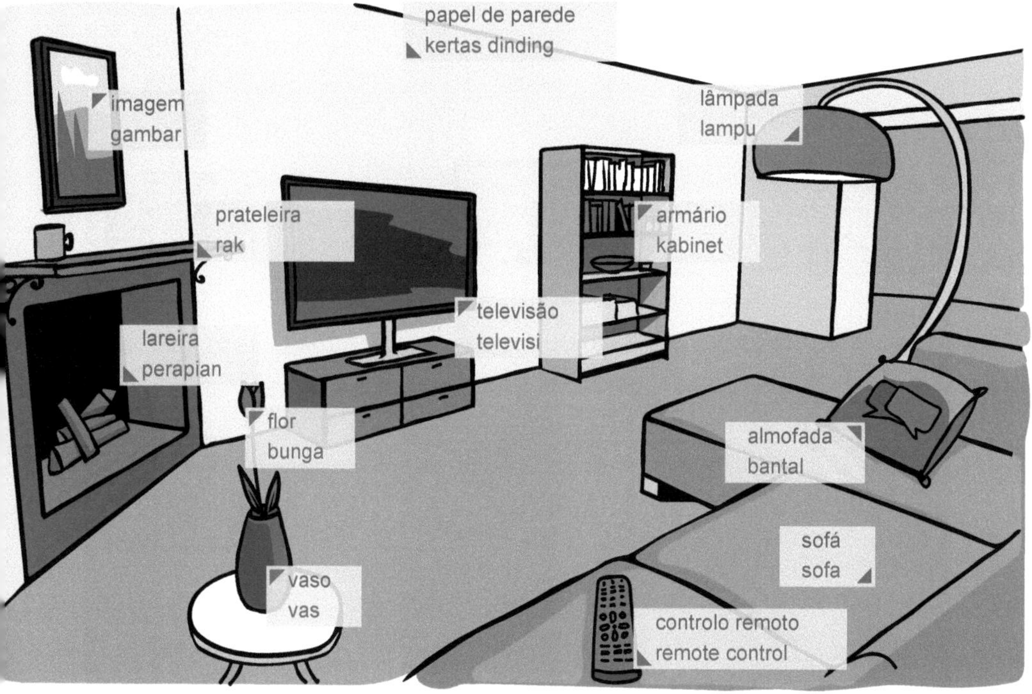

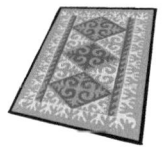

tapete
karpet

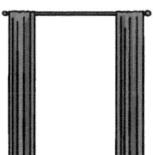

cortina
korden

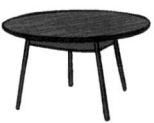

mesa
meja

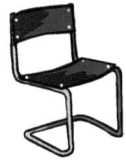

cadeira
kursi

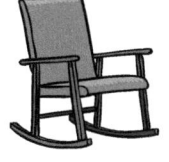

cadeira de baloiço
kursi goyang

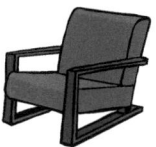

poltrona
kursi malas

livro

buku

cobertor

selimut

decoração

dekorasi

lenha

kayu bakar

filme

filem

sistema estéreo

hi-fi

chave

kunci

jornal

koran

pintura

lukisan

póster

poster

rádio

radio

bloco de notas

buku tulis

aspirador

penyedot debu

cato

kaktus

vela

lilin

cozinha
dapur

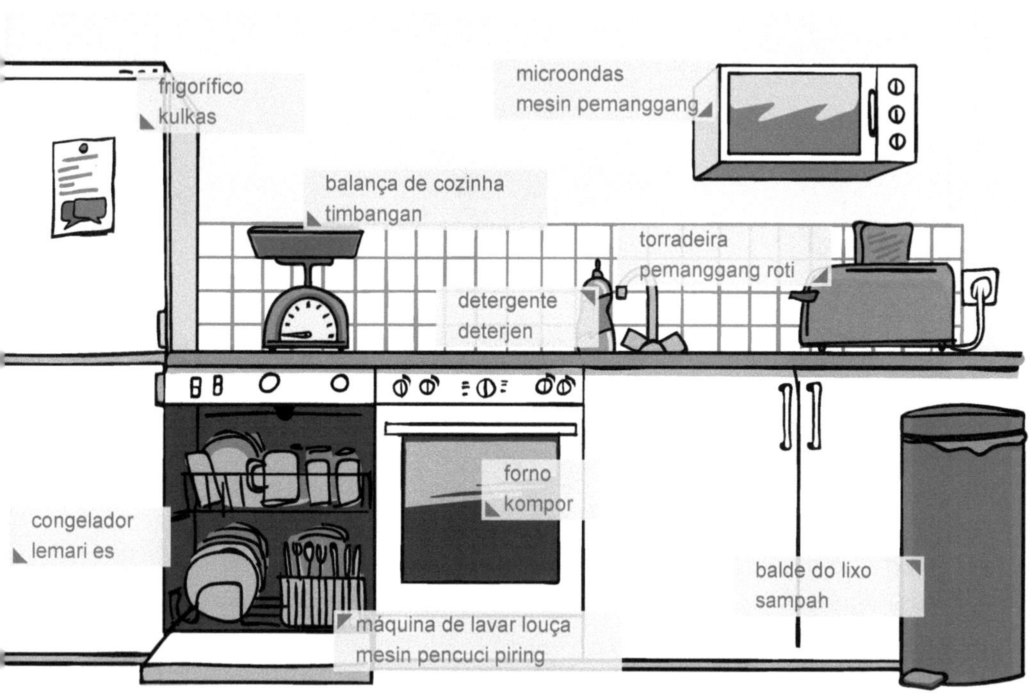
frigorífico
kulkas
microondas
mesin pemanggang
balança de cozinha
timbangan
torradeira
pemanggang roti
detergente
deterjen
forno
kompor
congelador
lemari es
balde do lixo
sampah
máquina de lavar louça
mesin pencuci piring

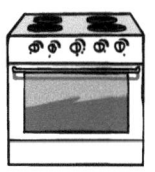

fogão

kompor

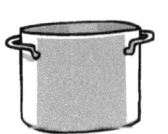

panela

panci

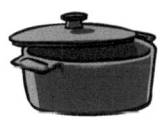

panela de ferro

panci besi

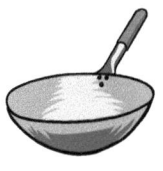

wok / kadai

wajan

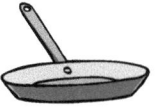

frigideira

panci

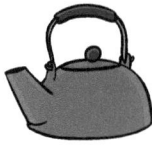

chaleira

pemanas air

panela a vapor

panci pengukus makanan

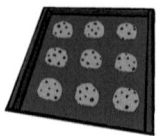

tabuleiro de forno

nampan

louça

piring

caneca

cangkir

tigela

mangkok

pauzinhos

sumpit

concha de sopa

sendok sup

espátula

sudip

batedor de claras

mengocok

escorredor

saringan

peneira

saringan

ralador

parutan

almofariz

mortir

churrasqueira

barbeque

lareira

api terbuka

cozinha - dapur

tábua de cortar
papan memotong

rolo da massa
gilingan

saca-rolhas
alat pembuka botol

lata
kaleng

abridor de latas
pembuka kaleng

luvas de forno
pegangan panci

lava-loiça
wastafel

escova
sikat

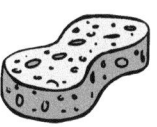

esponja
busa

liquidificador
mesin pencampur

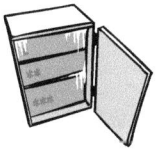

arca frigorífica
lemari es

biberão
botol bayi

torneira
keran

casa de banho

kamar mandi

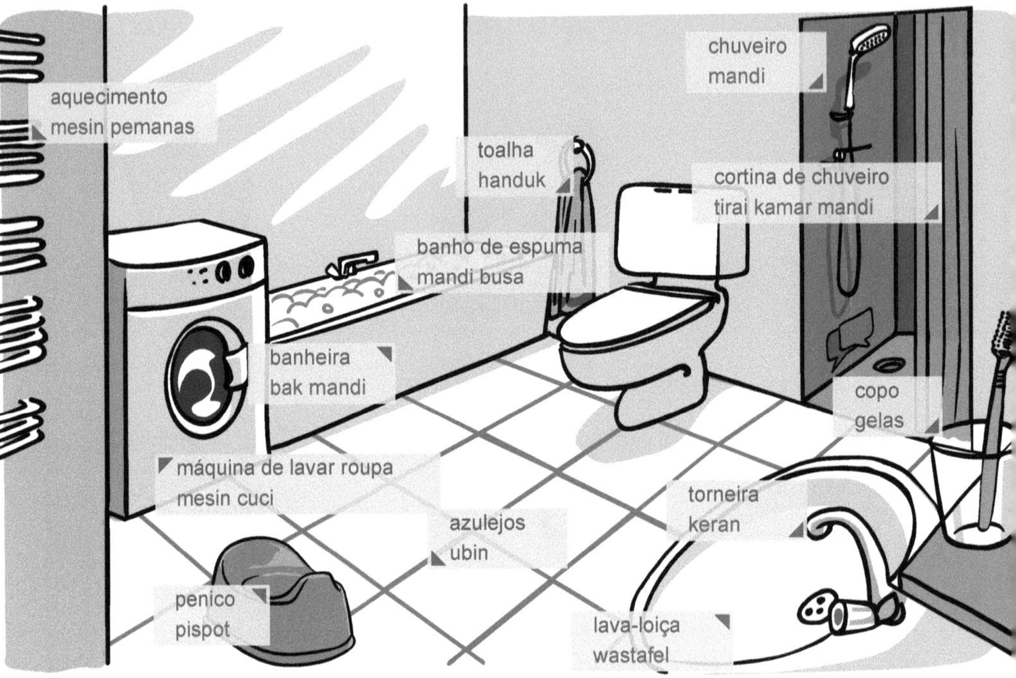

chuveiro
mandi
aquecimento
mesin pemanas
toalha
handuk
cortina de chuveiro
tirai kamar mandi
banho de espuma
mandi busa
banheira
bak mandi
copo
gelas
máquina de lavar roupa
mesin cuci
torneira
keran
azulejos
ubin
penico
pispot
lava-loiça
wastafel

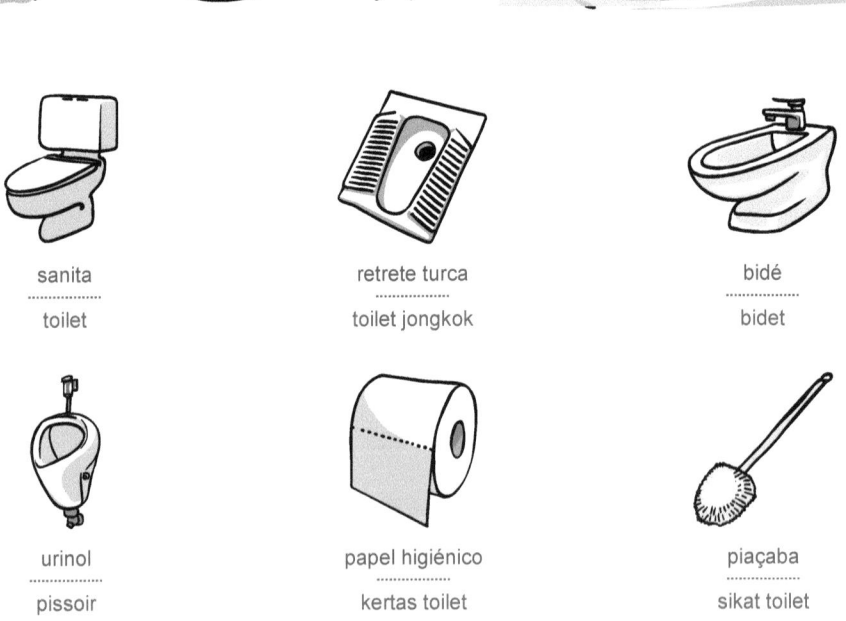

sanita

toilet

retrete turca

toilet jongkok

bidé

bidet

urinol

pissoir

papel higiénico

kertas toilet

piaçaba

sikat toilet

escova de dentes

sikat gigi

pasta de dentes

pasta gigi

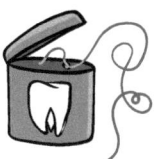

fio dentário

benang gigi

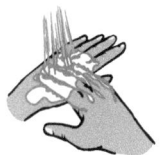

lavar

menyuci

chuveiro de mão

pancuran tangan

duche íntimo

pancuran

bacia

bak

escova para as costas

sikat punggung

sabonete

sabun

gel de banho

gel mandi

champô

sampo

toalha de rosto

planel

escoamento

kuras

creme

krim

desodorizante

deodoran

espelho

kaca

espelho de mão

cermin tangan

máquina de barbear

pisau cukur

creme de barbear

busa cukur

loção pós-barba

aftershave

pente

sisir

escova

sikat

secador de cabelo

alat pengering rambut

spray de cabelo

semprot rambut

maquilhagem

makeup

batom

lipstik

verniz de unhas

cat kuku

algodão

kapas

tesoura para unhas

gunting kuku

perfume

minyak wangi

nécessaire

kantong pencuci

tamborete

bangku

balança

timbangan

roupão de banho

mantel mandi

luvas de borracha

sarung tangan karet

tampão

tampon

penso higiénico

handuk pembalut

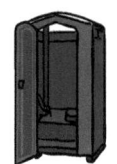

WC químico

toilet kimia

quarto de criança

kamar anak

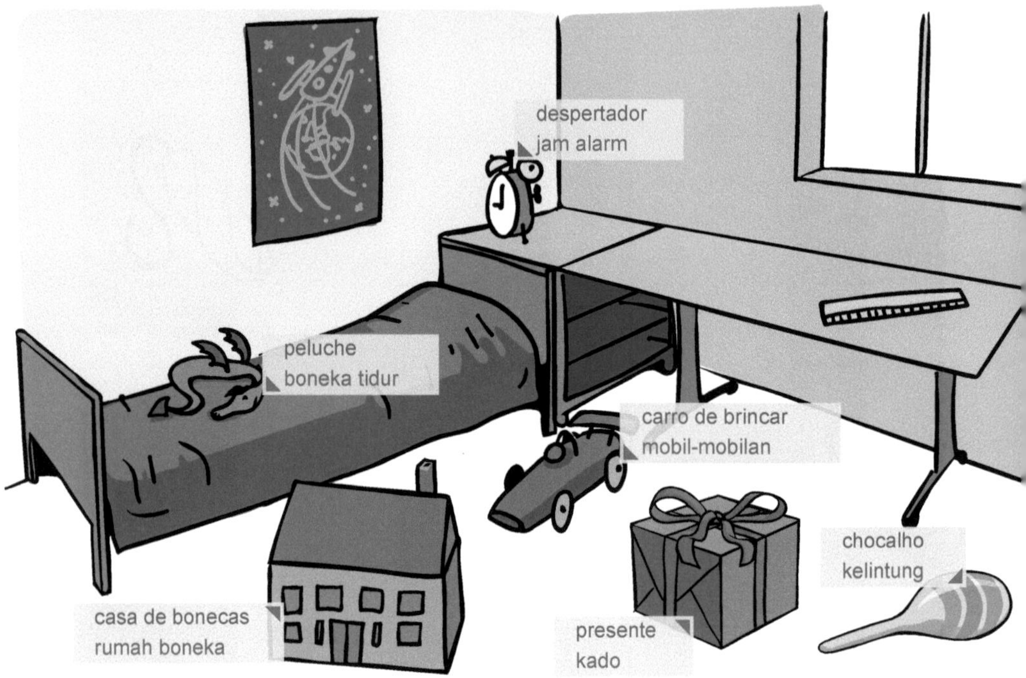

despertador
jam alarm
peluche
boneka tidur
carro de brincar
mobil-mobilan
chocalho
kelintung
casa de bonecas
rumah boneka
presente
kado

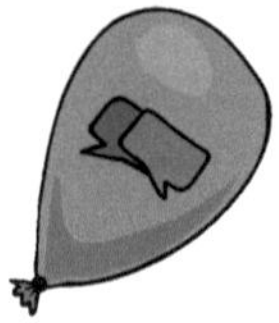

balão

balon

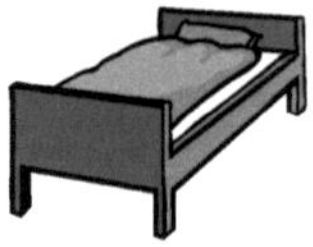

cama

tempat tidur

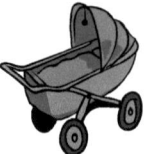

carrinho de bebé

kereta bayi

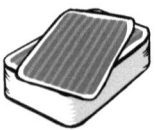

jogo de cartas

mainan kartu

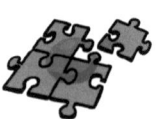

quebra-cabeças

teka-teki

SUPER
MEGA

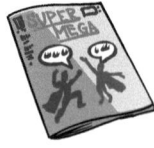

banda desenhada

komik

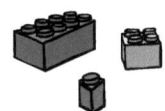

peças de Lego

mainan lego

blocos de construção

blok mainan

figura de ação

figur aksi

fato de bebé

baju monyet

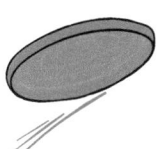

Frisbee

frisbee

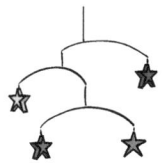

móbile para bebé

mobile

jogo de tabuleiro

permainan papan

dados

dadu

pista de comboio elétrico

set model kreta api

chupeta

dot

festa

pesta

livro ilustrado

buku gambar

bola

bola

boneca

boneka

jogar

bermain

caixa de areia

tempat main pasir

baloiço

ayunan

brinquedos

mainan

consola de jogos

video game konsol

triciclo

sepeda roda tiga

ursinho de peluche

teddy

guarda-roupa

lemari pakaian

vestuário

pakaian

meias

kaos kaki

meias pelo joelho

kaos kaki

meias-calças

baju ketat

cachecol
syal

guarda-chuva
payung

t-shirt
kaos

cinto
sabuk

botas
sepatu bot

chinelos
sandal

sapatilhas
sepatu

sandálias
sandal

sapatos
sepatu

botas de borracha
sepatu bot karct

cuecas
celana dalam

sutiã
BH

camisola interior
baju rompi

body
body

calças
celana

calças de ganga
jeans

saia
rok

blusa
blus

camisa
kemeja

pulôver
aket berkerudung

camisola com capuz
sweater

blazer
jaket

casaco
jaket

manto
mantel

gabardina
jas hujan

traje
kostum

vestido
gaun

vestido de casamento
gaun pengantin

fato
setelan resmi

camisa de dormir
gaun tidur

pijama
piyama

sari
sari

lenço de cabeça
jilbab

turbante
turban

burca
burka

cafetã
kaftan

abaya
abaya

fato de banho
pakaian renang

calções de banho
celana renang

calções
celana pendek

fato de treino
olah raga

avental
celemek

luvas
sarung tangan

botão

kancing

óculos

kacamata

pulseira

gelang

colar

kalung

anel

cincin

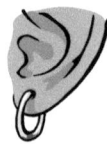

brinco

anting

boné

topi

cabide

gantungan mantel

chapéu

topi

gravata

dasi

fecho de correr

ritsleting

capacete

helm

suspensórios

tali selempang

uniforme escolar

seragam sekolah

uniforme

seragam

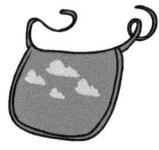

babete

oto

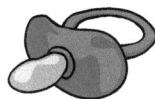

chupeta

dot

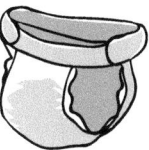

fralda

popok

escritório
kantor

servidor
server
armário de arquivo
lemari arsip
impressora
pencetak
papel
kertas
ecrã
layar
secretária
meja kerja
rato
mouse komputer
pasta
tempat pengarsipan
teclado
papan tombol
cesto de lixo
tempat sampah
computador
computer
cadeira
kursi

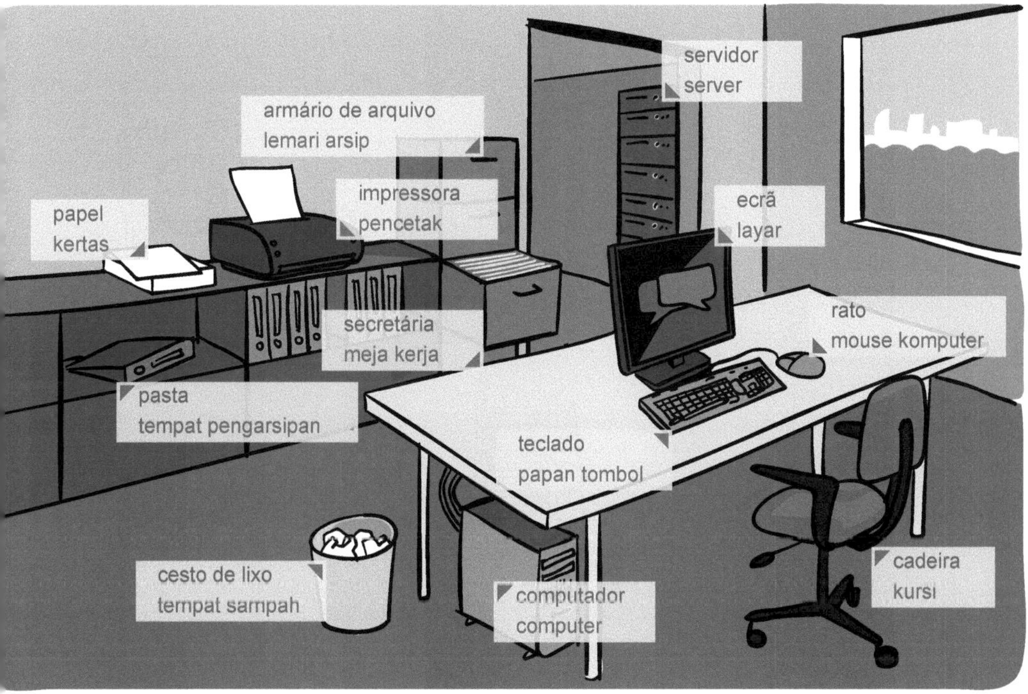

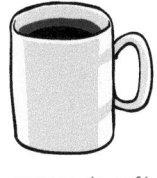

caneca de café

cangkir kopi

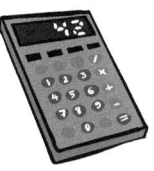

calculadora

kalkulator

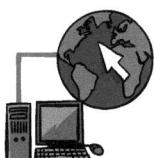

internet

internet

computador portátil
laptop

carta
surat

mensagem
pesan

telemóvel
telepon seluler

rede
jaringan

fotocopiadora
fotokopi

software
software

telefone
telepon

tomada elétrica
plug soket

fax
mesin fax

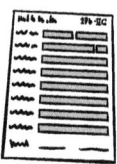

formulário
formulir

documento
dokumen

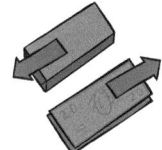

comprar

membeli

pagar

membayar

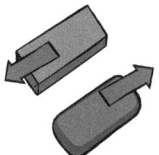

negociar

berdagang

dinheiro

uang

dólar

Dollar

euro

Euro

yen

Yen

rublo

Rubel

franco suíço

Franc Swiss

renminbi yuan

Renminbi Yuan

rupia

Rupiah

caixa de multibanco

ATM

casa de câmbio

kantor pertukaran mata uang

ouro

emas

prata

perak

petróleo

minyak

energia

energi

preço

harga

contrato

kontrak

imposto

pajak

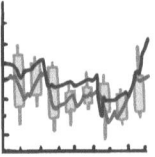

ação

saham

trabalhar

bekerja

empregado

karyawan

entidade patronal

majikan

fábrica

pabrik

loja

toko

profissões
pekerjaan

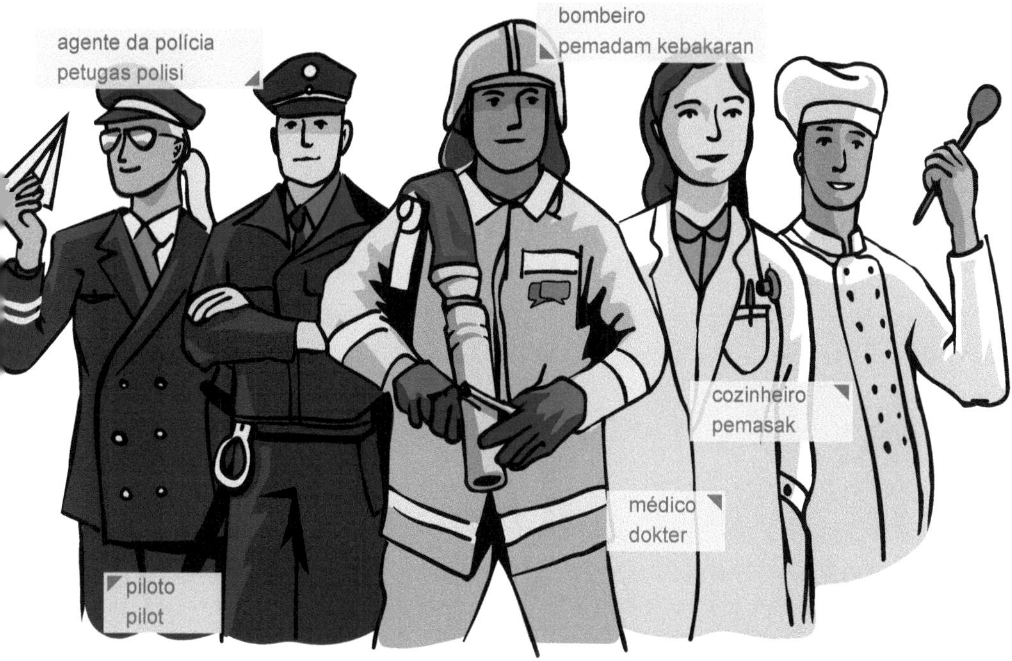

agente da polícia
petugas polisi
bombeiro
pemadam kebakaran
cozinheiro
pemasak
médico
dokter
piloto
pilot

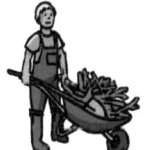

jardineiro

tukan kebun

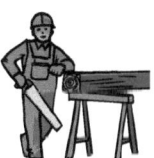

carpinteiro

tukang kayu

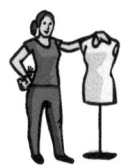

costureira

penjahit wanita

juiz

hakim

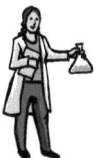

químico

ahli kimia

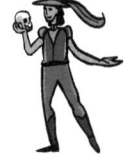

ator

aktor

motorista de autocarro

sopir bis

motorista de táxi

sopir taksi

pescador

nelayan

empregada de limpeza

pembantu

telhador

tukang atap

empregado de mesa

pelayan

caçador

pemburu

pintor

pelukis

padeiro

tukang roti

eletricista

tukang listrik

construtor

pembangun

engenheiro

insinyur

talhante

tukang daging

canalizador

tukang ledeng

carteiro

tukang pos

soldado

tentara

arquiteto

arsitek

caixa

kasir

florista

penjual bunga

cabeleireiro

penata rambut

controlador de bilhetes

konduktor

mecânico

montir

capitão

kapten

dentista

dokter gigi

cientista

ilmuwan

rabino

rabbi

imã

imam

monge

biarawan

pastor

pendeta

ferramentas
alat

martelo
palu
alicate
tang
chave de fendas
obeng
chave inglesa
kunci
lanterna
obor

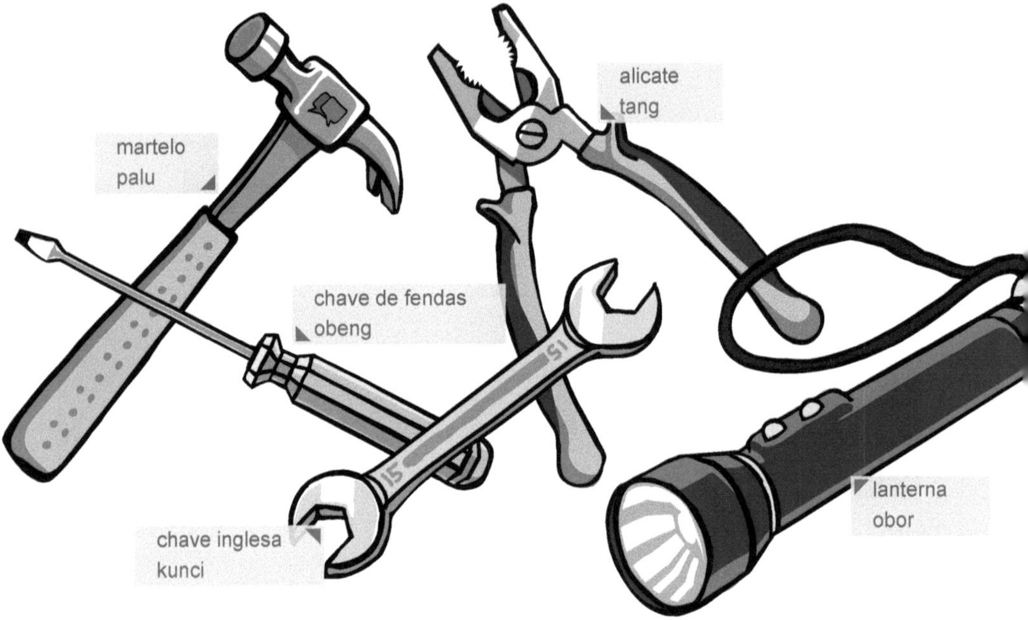

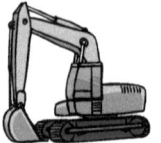

escavadora

penggali

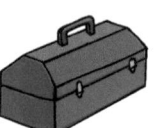

caixa de ferramentas

tas perkakas

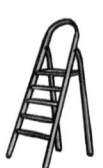

escadote

tangga

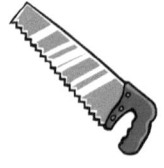

serra

gergaji

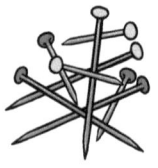

pregos

paku

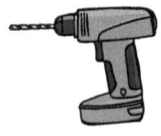

broca

bor

reparar
perbaikan

pá
sekop

porcaria!
Sialan!

pá de lixo
cikrak

pote de tinta
pot cat

parafusos
sekrup

instrumentos musicais
alat musik

bateria
alat drum

altifalante
pengeras suara

guitarra
gitar

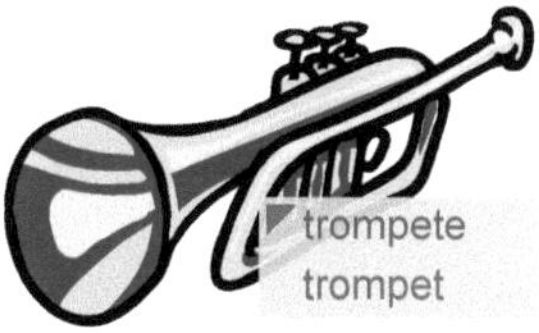

contrabaixo
bas

trompete
trompet

piano
piano

violino
violin

baixo
bass

timbales
tambur

tambor
drum

teclado
keyboard

saxofone
saksofon

flauta
suling

microfone
mikrofon

jardim zoológico
kebun binatang

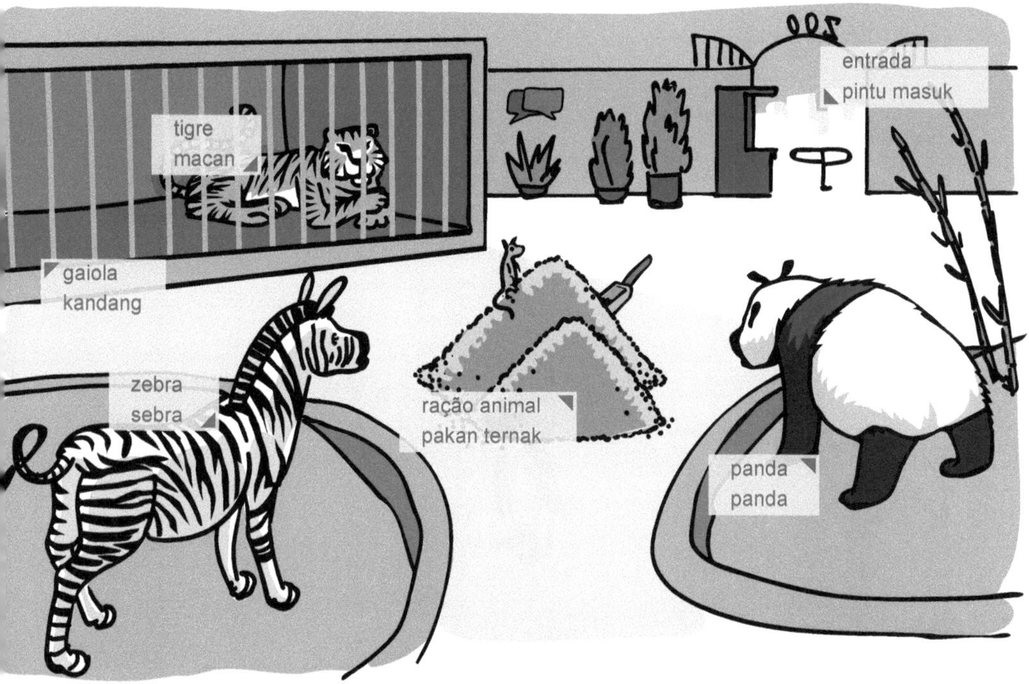
tigre
macan
gaiola
kandang
zebra
sebra
ração animal
pakan ternak
entrada
pintu masuk
panda
panda

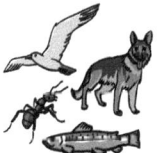

animais
hewan

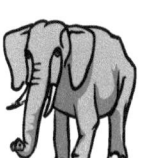

elefante
gajah

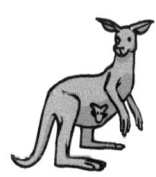

canguru
kanguru

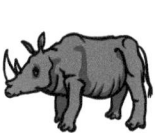

rinoceronte
badak

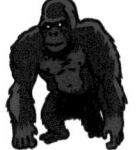

gorila
gorila

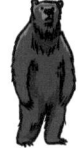

urso
beruang

camelo

unta

avestruz

burung unta

leão

singa

macaco

monyet

flamingo

flamingo

papagaio

burung beo

urso polar

beruang polar

pinguim

penguin

tubarão

hiu

pavão

merak

cobra

ular

crocodilo

buaya

guarda do jardim zoológico

penjaga kebun binatang

foca

segel

jaguar

jaguar

pónei

kuda poni

leopardo

macan tutul

hipopótamo

kuda nil

girafa

jerapah

águia

burung elang

javali

babi jantan

peixe

ikan

tartaruga

kura-kura

morsa

anjing laut

raposa

rubah

gazela

kijang

futebol americano
american football

ciclismo
naik sepeda

ténis
tennis

basquetebol
basketbal

natação
bernang

boxe
tinju

hóquei no gelo
hoki es

futebol
sepak bola

badminton
badminton

atletismo
atletik

andebol
bola tangan

esqui
main ski

polo
polo

atividades
aktivitas

rir
ketawa
saltar
meloncat
abraçar
memeluk
andar
berjalan
cantar
menyanyi
sonhar
mengimpi
rezar
berdoa
beijar
mencium

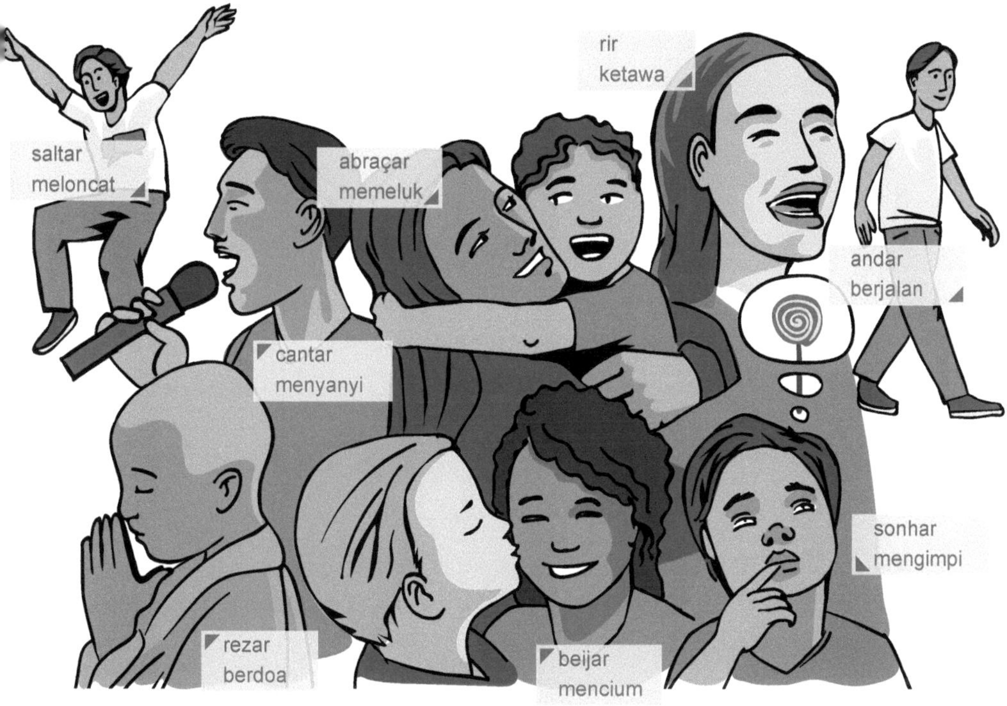

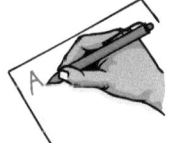

escrever

menulis

desenhar

melukis

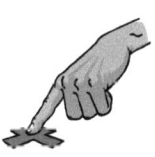

mostrar

menunjuk

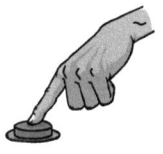

empurrar

mendorong

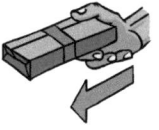

dar

memberikan

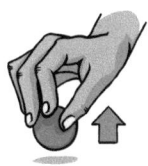

tomar

mengambil

ter
mempunyai

fazer
melakukan

ser
adalah

ficar de pé
berdiri

correr
berlari

puxar
menarik

remessar
melempar

cair
jatuh

deitar
tidur

esperar
menunggu

carregar
membawa

sentar
duduk

vestir
berpakaian

dormir
tidur

acordar
bangun

olhar para
melihat

chorar
menangis

acariciar
mengelus

pentear
menyisir

falar
berbicara

compreender
mengerti

perguntar
menanyak

ouvir
mendengar

beber
minum

comer
makan

arrumar
merapikan

amar
cinta

cozinhar
memasak

conduzir
menyetir

voar
terbang

velejar

berlayar

calcular

menghitung

ler

membaca

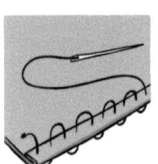

aprender

belajar

trabalhar

bekerja

casar

menikah

costurar

menjahit

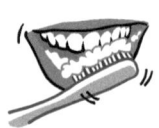

escovar os dentes

sikat gigi

matar

membunuh

fumar

merokok

enviar

kirim

avó
nenek

avô
kakek

pai
bapak

mãe
ibu

bebé
bayi

filha
putri

filho
putra

convidado
tamu

tia
bibi

tio
paman

irmão
kakak laki

irmã
kakak perempuan

corpo

badan

testa
dahi
olho
mata
ombro
bahu
dedo
jari
cara
muka
queixo
dagu
mão
tangan
perna
kaki
peito
payudara
braço
lengan

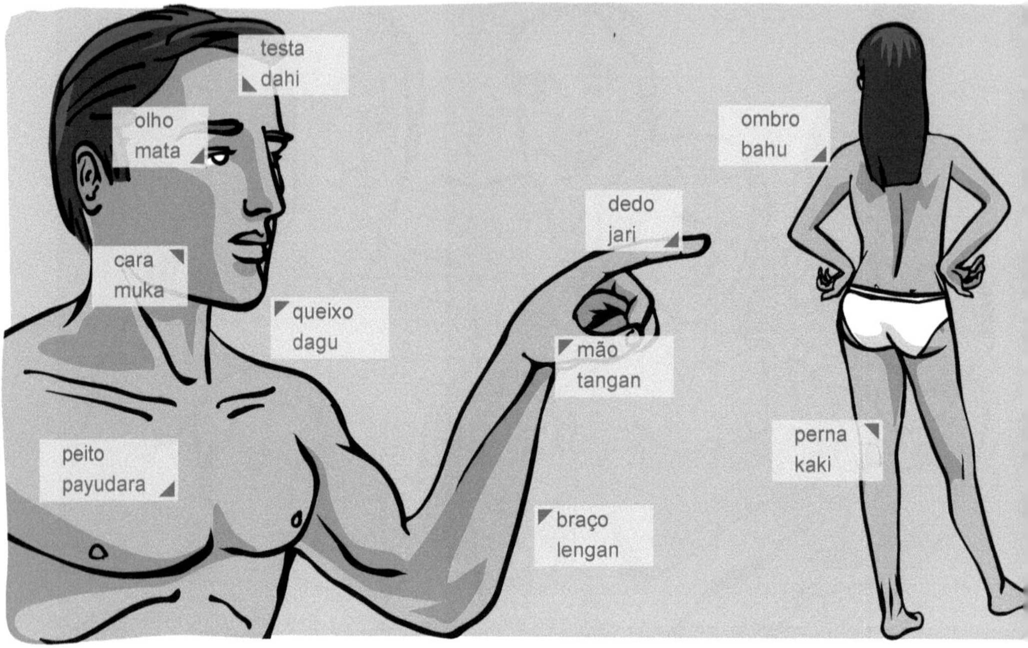

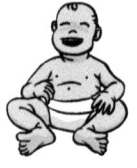

bebé

bayi

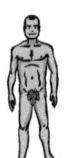

homem

pria

mulher

wanita

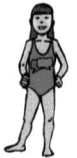

menina

perempuan

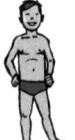

menino

laki

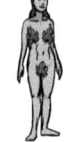

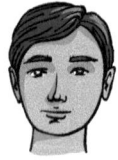

cabeça

kepala

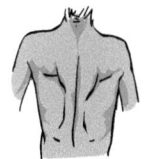

costas

punggung

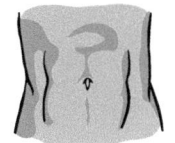

barriga

perut

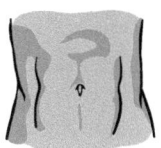

umbigo

pusar

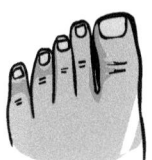

dedo do pé

toe

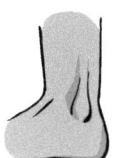

calcanhar

tumit

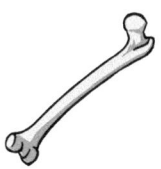

osso

tulang

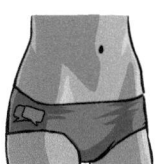

anca

pinggang

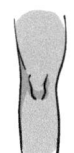

joelho

lutut

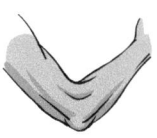

cotovelo

siku

nariz

hidung

nádegas

pantat

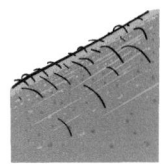

pele

kulit

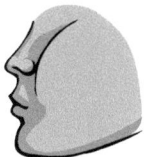

bochecha

pipi

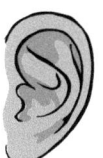

orelha

telinga

lábio

bibir

boca
mulut

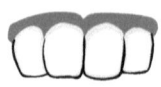

dente
gigi

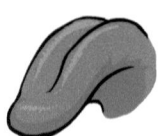

língua
lidah

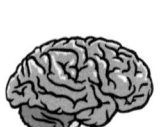

cérebro
otak

coração
jantung

músculo
otot

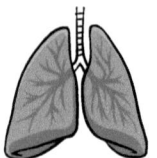

pulmão
paru-paru

fígado
hati

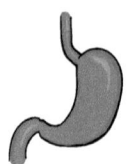

estômago
stomach

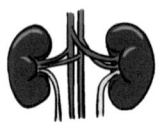

rins
ginjal

relações sexuais
hubungan seks

preservativo
kondom

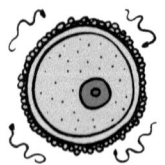

óvulo
sel telur

esperma
sperma

gravidez
kehamilan

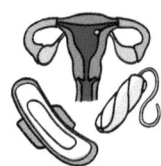

menstruação

menstruasi

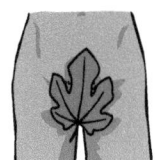

vagina

vagina

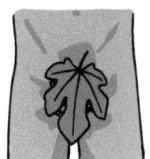

pénis

penis

sobrancelha

alis

cabelo

rambut

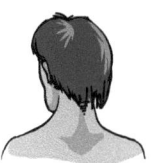

pescoço

leher

hospital

rumah sakit

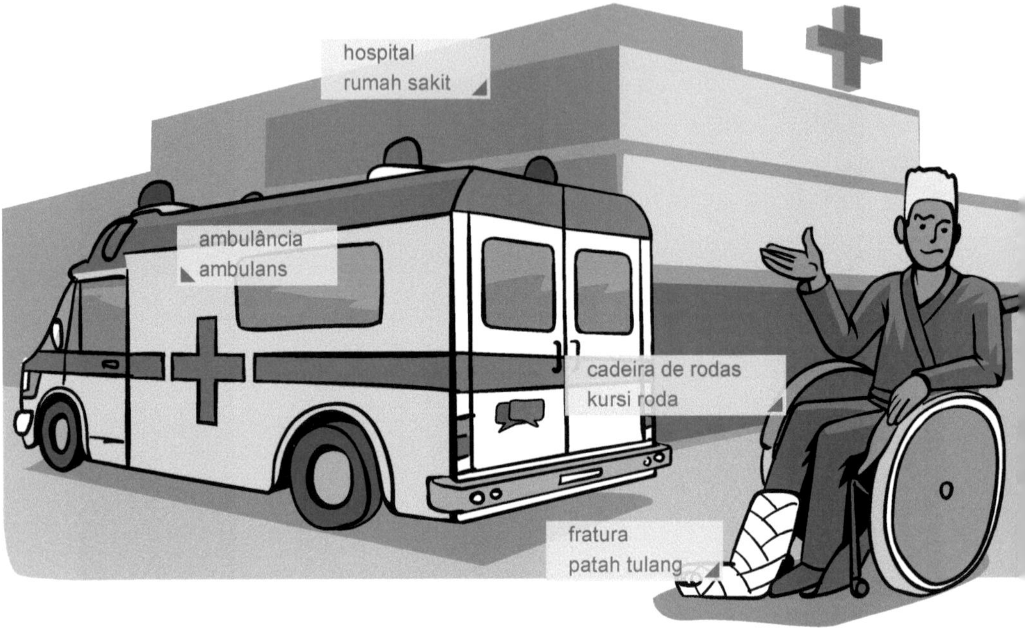

hospital
rumah sakit
ambulância
ambulans
cadeira de rodas
kursi roda
fratura
patah tulang

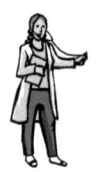

médico

dokter

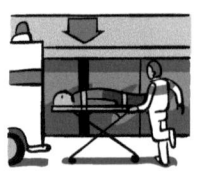

serviço de urgências

ruang darurat

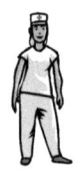

enfermeira

perawat

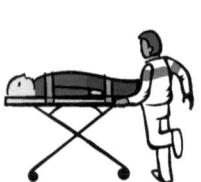

emergência

darurat

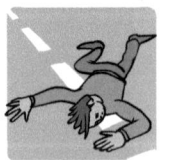

inconsciente

semaput

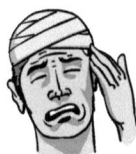

dor

sakit

ferimento

cedera

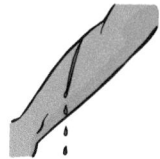

hemorragia

perdarahan

ataque cardíaco

serangan jantung

acidente vascular cerebral

stroke

alergia

alergi

tosse

batuk

febre

demam

gripe

flu

diarreia

diare

dor de cabeça

sakit kepala

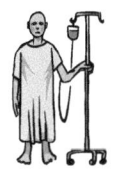

cancro

kanker

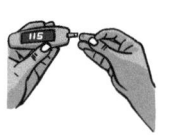

diabetes

diabetes

cirurgião

ahli bedah

bisturi

pisau bedah

operação

operasi

CT
....
CT

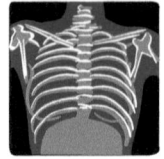

raio x
....
sinar x

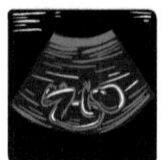

ultrassom
....
usg

máscara
....
topeng

doença
....
penyakit

sala de espera
....
ruang tunggu

muleta
....
penyokong

penso rápido
....
plester

ligadura
....
perban

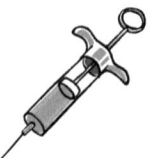

injeção
....
injeksi

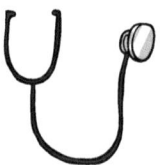

estetoscópio
....
stetoskop

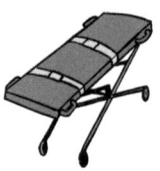

maca
....
usungan

termómetro
....
termometer klinis

nascimento
....
kelahiran

excesso de peso
....
kelebihan berat badan

aparelho auditivo

alat pendengar

desinfetante

desinfektan

infeção

infeksi

vírus

virus

HIV / SIDA

HIV / AIDS

medicamento

obat

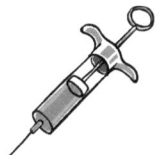

vacinação

vaksinasi

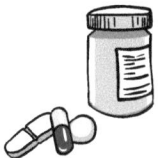

comprimidos

tablet

pílula

pil

chamada de emergência

panggilan darurat

dispositivo de medição de
pressão arterial

ukur tekanan darah

doente / saudável

sakit / sehat

Socorro!

Tolong!

alarme

alarm

assalto

penyerbuan

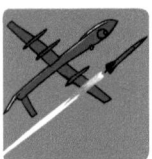

ataque

serangan

perigo

bahaya

saída de emergência

pintu darurat

Fogo!

Api!

extintor de incêndios

alat pemadam kebakaran

acidente

kecelakaan

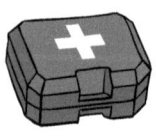

estojo de primeiros socorros

kit pertolongan pertama

SOS

SOS

polícia

polisi

Europa

Eropa

América do Norte

Amerika Utara

América do Sul

Amerika Selatan

África

Afrika

Ásia

Asia

Austrália

Australi

Atlântico

Atlantik

Pacífico

Pasifik

Oceano Índico

Samudra India

Oceano Antártico

Samudra Antartika

Oceano Ártico

Samudra Arktik

Polo Norte

kutub utara

Polo Sul

kutub selatan

Antártica

Antarktika

terra

bumi

país

tanah

mar

laut

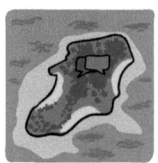

ilha

pulau

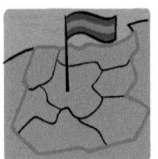

nação

bangsa

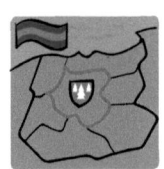

estado

negara

mostrador do relógio

jam wajah

ponteiro das horas

jarum pendek

ponteiro dos minutos

jarum menit

ponteiro dos segundos

jarum detik

Que horas são?

Jam berapa?

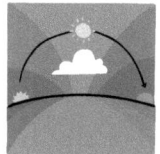

dia

hari

tempo

waktu

agora

sekarang

relógio digital

jam digital

minuto

menit

hora

jam

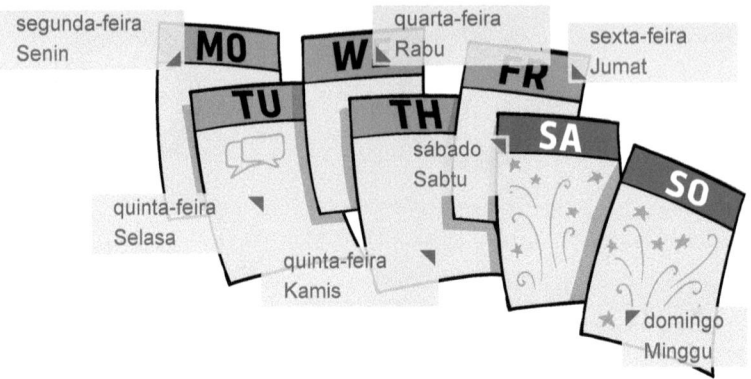

segunda-feira
Senin

quarta-feira
Rabu

sexta-feira
Jumat

quinta-feira
Selasa

sábado
Sabtu

quinta-feira
Kamis

domingo
Minggu

ontem
kemaren

hoje
hari ini

amanhã
besok

manhã
pagi

meio-dia
siang

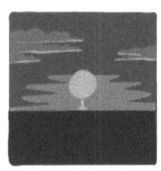

entardecer
malam

MO	TU	WE	TH	FR	SA	SU
1	2	3	4	5	6	7
8	9	10	11	12	13	14
15	16	17	18	19	20	21
22	23	24	25	26	27	28
29	30	31	1	2	3	4

dias úteis
hari kerja

MO	TU	WE	TH	FR	SA	SU
1	2	3	4	5	6	7
8	9	10	11	12	13	14
15	16	17	18	19	20	21
22	23	24	25	26	27	28
29	30	31	1	2	3	4

fim de semana
akhir minggu

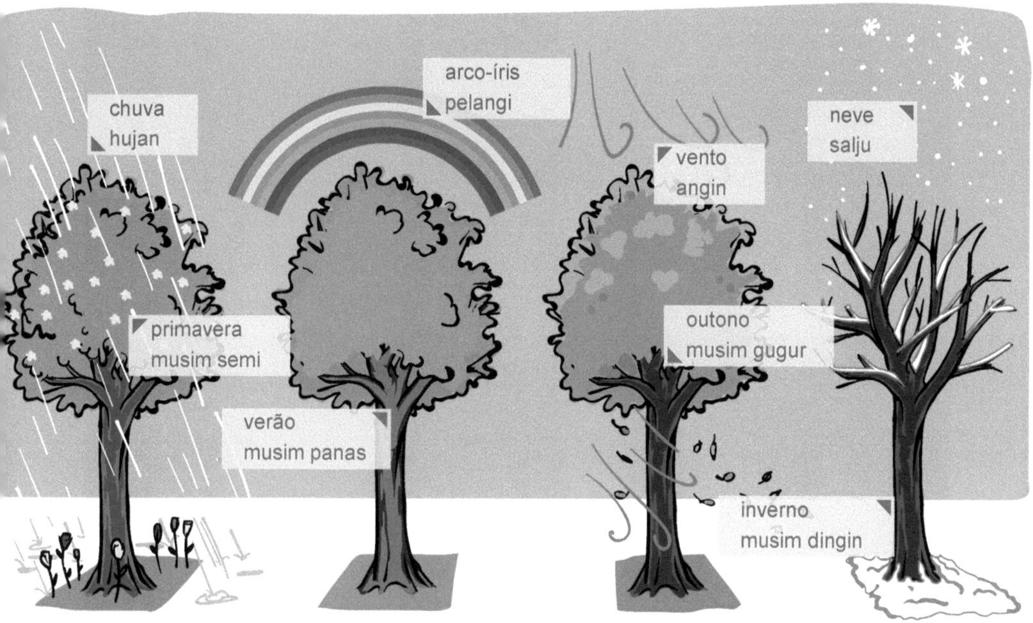

chuva
hujan
arco-íris
pelangi
neve
salju
vento
angin
primavera
musim semi
outono
musim gugur
verão
musim panas
inverno
musim dingin

4.APRIL 11°
5.APRIL 4°
6.APRIL 13°
7.APRIL 8°
8.APRIL 10°

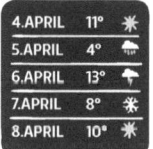

previsão do tempo

ramalan cuaca

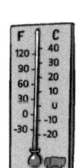

termómetro

termometer

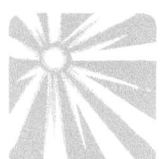

raios de sol

matahari

nuvem

awan

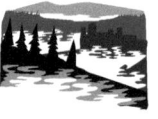

neblina / nevoeiro

kabut

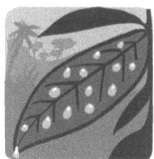

humidade do ar

kelembahan

relâmpago

kilat

trovão

guntur

tempestade

badai

granizo

hujan es

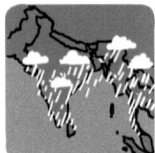

monção

monsun

inundação

banjir

gelo

es

janeiro

Januari

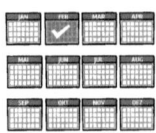

fevereiro

Februari

março

Maret

abril

April

maio

Mei

junho

Juni

julho

Juli

agosto

Agustus

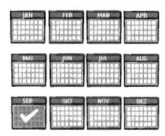

setembro
....
September

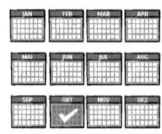

outubro
....
Oktober

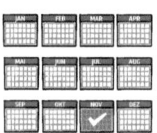

novembro
....
November

dezembro
....
Desember

círculo
....
lingkaran

quadrado
....
persegi

retângulo
....
persegi panjang

triângulo
....
segi tiga

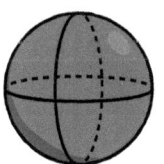

esfera
....
bola

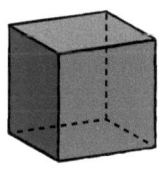

cubo
....
kubus

branco

putih

amarelo

kuning

laranja

oranye

rosa

pink

vermelho

merah

lilás

ungu

azul

biru

verde

hijau

castanho

coklat

cinzento

abu-abu

preto

hitam

muito / pouco

banyak / sedikit

furioso / calmo

marah / tenang

lindo / feio

cantik / jelek

princípio / fim

mulaih / selesai

grande / pequeno

besar / kecil

claro / escuro

terang / gelap

irmão / irmã

saudara laki-laki / saudara perempuan

limpo / sujo

bersih / kotor

completo / incompleto

lengkap / tidak lengkap

dia / noite

hari / malam

morto / vivo

mati / hidup

largo / estreito

luas / sempit

comestível / não comestível
dapat dimakan / tidak dapat dimakan

mau / gentil
jahat / baik

entusiasmado / entediado
bersemangat / bosan

gordo / magro
gemuk / kurus

primeiro / último
pertama / terakhir

amigo / inimigo
teman / musuh

cheio / vazio
penuh / kosong

duro / macio
keras / lembut

pesado / leve
berat / enteng

fome / sede
lapar / haus

doente / saudável
sakit / sehat

ilegal / legal
ilegal / legal

inteligente / burro
cerdas / bodoh

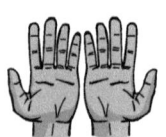

esquerda / direita
kiri / kanan

perto / longe
dekat / jauh

novo / usado

baru / bekas

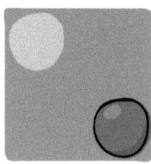

nada / algo

tidak ada apapun / sesuatu

velho / jovem

tua / muda

ligado / desligado

nyala / mati

aberto / fechado

buka / tutup

baixo / alto

tenang / keras

rico / pobre

kaya / miskin

certo / errado

benar / salah

áspero / liso

kasar / halus

triste / feliz

sedih / gembira

curto / longo

pendek / panjang

lento / rápldo

pelan-pelan / cepat

molhado / seco

basah / kering

ameno / fresco

hangat / sejuk

guerra / paz

perang / damai

números

angka-angka

0	**1**	**2**
zero	um	dois
nol	satu	dua

3	**4**	**5**
três	quatro	cinco
tiga	empat	lima

6	**7**	**8**
seis	sete	oito
enam	tujuh	delapan

9	**10**	**11**
nove	dez	onze
sembilan	sepuluh	sebelas

12

doze

duabelas

13

treze

tigabelas

14

catorze

empatbelas

15

quinze

limabelas

16

dezasseis

enambelas

17

dezassete

tujuhbelas

18

dezoito

delapanbelas

19

dezanove

sembilanbelas

20

vinte

duapuluh

100

cem

seratus

1.000

mil

seribu

1.000.000

milhão

juta

inglês

Inggris

inglês americano

bahasa Inggris Amerika

chinês mandarim

bahasa Cina Mandarin

hindi

bahasa Hindi

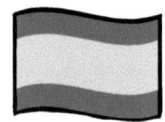

espanhol

bahasa Spanyol

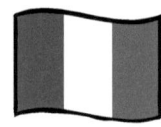

francês

bahasa Perancis

árabe

bahasa Arab

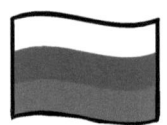

russo

bahasa Rusia

português

bahasa Portugis

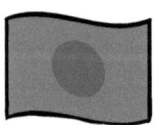

bengalês

bahasa Bengal

alemão

bahasa Jerman

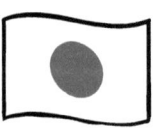

japonês

bahasa Jepang

eu

saya

tu

kamu

ele / ela

dia

nós

kita

vós

kalian

eles / elas

mereka

quem?

siapa?

o quê?

apa?

como?

begaimana?

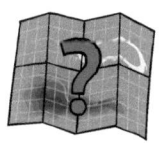

onde?

dimana?

quando?

kapan?

nome

nama

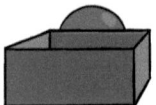

atrás

dibelakang

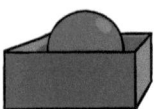

em

di

à frente de

didepan

sobre

diatas

em cima

diatas

debaixo

dibawah

ao lado

sebelah

entre

di antara

lugar

tempat